MÉMOIRE

ADRESSÉ

A M. LE SÉNATEUR COMMISSAIRE GÉNÉRAL

DE L'EXPOSITION UNIVERSELLE DE 1878

(Groupe V, classe 47)

Par E. DUPONT

PHARMACIEN A ORLÉANS

ORLÉANS

IMPRIMERIE DE GEORGES JACOB

4, CLOITRE SAINT-ÉTIENNE, 4

1877

MÉMOIRE

ADRESSÉ

A M. LE SÉNATEUR COMMISSAIRE GÉNÉRAL

DE L'EXPOSITION UNIVERSELLE DE 1878

(Groupe V, classe 47)

Par M. DUPONT, Pharmacien a Orléans

Monsieur le Commissaire général,

A l'occasion de l'Exposition de 1878, j'ai exprimé le désir d'exposer plusieurs de mes produits de fabrication. Parmi eux se trouve une substance fébrifuge pouvant, dans maintes circonstances, remplacer le sulfate de quinine. Ce médicament, le *cyano-ferrure de sodium et de salicine,* est désigné par M. le Dr HalmaGrand, d'Orléans, par le nom de QUINITE (1), mot de formation grecque, très-simple et très-clair, signifiant : qui ressemble *par ses propriétés* à la quinine.

Après examen par la Commission départementale et

---

(1) Voir à la fin de ce mémoire la signification réelle de cette dénomination.

par celle de Paris, il m'a été écrit que tous mes produits étaient acceptés, *excepté la quinite du Dr Halma-Grand*.

D'après des renseignements pris relativement à cette décision, il m'a été rapporté que la QUINITE (cyano-ferrure de sodium et de salicine) n'avait pas été acceptée, parce qu'elle n'est pas mentionnée au Codex.

Ne puis-je pas dire qu'une substance médicamenteuse, avant d'être inscrite au Codex, doit subir les épreuves de l'expérimentation? A l'appui de ce que j'avance, on ne peut nier que l'émétique a été longtemps l'objet des sarcasmes, des critiques, avant d'être accepté dans le Codex. Il suffit, pour en être convaincu, de lire l'écrit de Valentin en 1624 (1).

Je pourrais dire que si le cyano-ferrure de sodium et de salicine, ou QUINITE, ne figure pas au Codex, cette préparation est mentionnée par M. le Dr Gubler, professeur de thérapeutique à la Faculté de médecine de Paris. Dans les *Commentaires* qu'il a publiés sur le Codex, page 364, 2e édition, il dit : « *Le Dr HalmaGrand a associé la salicine au cyano-ferrure de sodium et prescrit des pilules de 0,20 du sel double comme équivalent de 0,10 de sel de quinine.* »

La QUINITE est un produit pharmaceutique. En ma qualité de pharmacien et de fabricant, je la fabrique et la vends, même en pays étrangers, et il me semble qu'aucun motif ne peut être justement invoqué pour m'interdire d'exposer les produits de mon industrie.

Peut-être dira-t-on que la QUINITE ne peut remplacer

(1) *Currus triomphalis antimonii*, Leipsig.

le sulfate de quinine; qu'elle ne guérit pas les fièvres d'accès. Il me semble que MM. les membres de la Commission peuvent et doivent rester étrangers à la valeur thérapeutique de mon produit que je ne désire exposer qu'en ma qualité de fabricant et d'industriel.

Sans vouloir incriminer personne, ne se pourrait-il pas que la QUINITE n'ait été refusée que parce qu'elle pourrait venir en concurrence avec le sulfate de quinine ?

La QUINITE est un produit indigène; elle coûte meilleur marché que le sulfate de quinine, qui atteint aujourd'hui le chiffre de 900 fr. le kilo.

J'ajouterai que la QUINITE, tout en offrant les avantages du sulfate de quinine, n'a aucun des inconvénients de ce dernier, inconvénients si graves quelquefois, qu'en Algérie, en Asie, les personnes affectées depuis longtemps de fièvres d'accès cherchent à échapper à leurs mortelles conséquences en prenant du sulfate de quinine qu'elles nomment le *poison*. Si elles échappent à la mort consécutive aux fièvres d'accès, elles succombent quelquefois par l'usage immodéré et forcé du sulfate de quinine.

Les expériences et les sacrifices que M. le D\ Halma-Grand a faits depuis vingt-six ans n'ont eu de sa part pour but que de rechercher si, en employant la QUINITE dans les fièvres d'accès, on obtiendrait les mêmes résultats que par l'administration du sulfate de quinine, en évitant les inconvénients attachés à l'usage de ce sel. Il y a été surtout engagé par la modicité du prix de la QUINITE, qui devient ainsi accessible aux pauvres.

M. le D\ HalmaGrand, dans ces travaux, n'a pas

voulu s'en rapporter à lui seul ; il s'est adressé à plusieurs médecins distingués de France, de l'Algérie, de l'Italie, de l'Asie ; il leur a envoyé de la quinite GRATUITEMENT et pendant de longues années, afin de se fixer sur l'efficacité de cette substance. Je ne puis mieux faire que de citer quelques passages d'une brochure qu'il a publiée en 1869 :

> A mes yeux, votre fébrifuge est un heureux médicament, presque aussi sûr que le sulfate de quinine, que l'on peut employer dans toutes les circonstances, et qui doit toujours lui être préféré chez les enfants. (*Lettre du Dr Monvenoux, de Montluel (Ain), du 28 septembre 1853.*)

Le Dr HalmaGrand, prévoyant que le sulfate de quinine pouvait manquer lors de la campagne de Crimée, envoya, toujours GRATUITEMENT, 4,000 pilules de QUINITE à M. le Dr Marroin, médecin en chef de la flotte de la mer Noire. Voici la lettre qui fut adressée par M. Marroin à M. le Dr HalmaGrand, lettre datée du 11 mai 1855, sur le *Montebello,* vaisseau amiral :

> J'avais chargé M. Bastin, chirurgien du bord et mon secrétaire, d'excuser mon silence auprès de vous. Mon désir, en vous répondant, était de pouvoir formuler quelque chose de précis à l'égard de votre fébrifuge.
>
> Trois cas d'infection paludéenne, bien marquée, m'ont permis d'administrer votre sel *avec un succès complet,* en ce qui concerne la suppression des accès. J'ai continué la médication de manière à prévenir les récidives, et mon procédé, comme le vôtre, se rattache à ce que j'ai vu généralement pratiquer à l'École de Paris.
>
> J'ai chargé M. Bastin de recueillir ces observations. Elles vous seront adressées quand il me sera démontré que la guérison des hommes soumis à ce traitement est confirmée, *qu'elle s'est main-*

tenue malgré les refroidissements de l'atmosphère et l'impression de la pluie.

Dans ces conditions, ces observations pourront réellement servir la bonne cause que vous défendez, etc.

Ces observations ne se firent pas longtemps attendre. Elles étaient accompagnées d'une lettre de M. le Dr Bastin, secrétaire de M. Marroin, dont voici quelques passages :

Trois hommes se sont présentés à nous avec de véritables fièvres intermittentes. L'un d'eux était pour la troisième fois atteint d'accès qui ont constamment affecté le type tierce. Après avoir constaté quatre fois la périodicité de cette fièvre, votre fébrifuge a été administré, et dès la première dose les accès disparurent pour ne plus revenir.

Le deuxième est un homme de vingt-neuf ans qui, depuis l'âge de six ans, a été, à plusieurs reprises, pris d'accès de fièvre intermittente. Dans presque tous les pays qu'il a visités, en Amérique, en Afrique, en Europe, il a dû quitter les bâtiments sur lesquels il était embarqué, pour chercher en France une guérison qu'il ne pouvait obtenir dans les ports où il contractait ces fièvres. Chaque année les accès reparaissaient de plus en plus violents. Cette fois surtout, ils avaient acquis un degré d'intensité qu'ils n'avaient peut-être jamais atteint. Dès la première prise de vos pilules, un grand changement s'opéra chez cet homme. Le premier accès ne disparut pas complètement ; mais le stade de froid fut considérablement diminué, tandis que, durant le stade de sueur, qui constitue à lui seul presque tout l'accès, les effets de literie du malade ont été transpercés. L'accès, qui jusqu'alors avait duré plus de douze heures, n'en avait eu que six. Depuis, l'apyrexie ne s'est pas démentie un seul instant.

Quant au troisième, c'est un homme qui depuis son enfance n'a pas cessé, pour ainsi dire, de se trouver sous l'influence de la cachexie paludéenne. Jamais, dit-il, on n'avait pu le délivrer complètement de la fièvre intermittente. Le sulfate de quinine n'ayant jamais fait qu'éloigner les uns des autres et amoindrir les accès, qui, d'abord quotidiens, puis tierces, puis quartes, ne se montraient plus qu'à sept jours d'intervalle. Dès la première administration de votre précieux médicament, cet homme n'a pas éprouvé le moindre accès, pas même le moindre malaise. J'allais oublier de vous faire part de cette remarque importante : que le second de ces hommes n'avait pu, lors de ses derniers accès, en septembre 1854, supporter le sulfate de quinine que dans du café noir. Votre sel, au contraire, ne causa aucune irritation de la muqueuse gastro-intestinale.

Quelque temps après, M. le Dr Marroin, plus tard professeur à l'hôpital d'instruction de Toulon, fit écrire à M. le Dr HalmaGrand, toujours par M. le Dr Bastin :

Montebello, devant Sébastopol, 15 juin 1855.

Mon cher Monsieur, je vous envoie aujourd'hui les observations dont je vous parlais dans une lettre de M. Marroin, qui vous CONFIRME LE SUCCÈS COMPLET que nous avons obtenu et qu'il vous avait déjà signifié par sa première lettre. Le nombre de vos pilules a considérablement diminué, employées comme elles l'ont été à un MOMENT OU LE SULFATE DE QUININE NOUS FAISAIT COMPLÈTEMENT DÉFAUT.

J'aurais pu citer bien d'autres faits, que l'on trouvera relatés dans la brochure de M. le Dr HalmaGrand, publiée en 1869; mais je dois terminer par une note authentique émanée du secrétaire général délégué du préfet de Constantine.

M. le Dr Renucci, médecin de colonisation de première classe à Constantine, avait depuis plusieurs années administré la quinite avec succès, puisqu'il écrivait à M. le Dr HalmaGrand :

Nous avons administré votre médicament à cent individus avec le plus grand succès; excepté un homme et deux femmes, tous ont guéri radicalement, sans avoir éprouvé aucun accident.

C'est à la suite de ces expériences que le secrétaire général délégué du préfet, à l'époque où le prince Napoléon fut nommé gouverneur de l'Algérie, adressa à M. le Dr Renucci la lettre suivante :

ALGÉRIE.

PRÉFECTURE
de
CONSTANTINE.

1er Bureau.
1re Section.

No 6,437

STATISTIQUE.

bservations de S
A I sur son rap-
port du mois de
septembre

Monsieur le docteur,

S. A. I. le prince Napoléon, chargé du ministère de l'Algérie et des colonies, à qui j'ai transmis votre rapport médical afférent au mois de septembre dernier, vient de m'adresser, à l'égard des renseignements que vous avez consignés, les observations ci-après, que je me fais un plaisir de transcrire *in extenso*.

J'ai remarqué avec un intérêt particulier la partie du rapport de M. le docteur Renucci, médecin de la banlieue de Constantine, sur l'emploi d'un nouveau fébrifuge du docteur HalmaGrand, désigné sous le nom de *quinite*. Les bons effets que M. Renucci a obtenus de ce remède, *qu'il déclare préférable au sulfate de quinine* dans beaucoup de cas, *et son prix peu élevé,* le rendraient doublement précieux pour l'Algérie. Il est vivement à désirer que les expériences continuent à être faites dans la banlieue de Constantine et soient généralisées, et je ne saurais trop engager M. Renucci à se mettre en rapport, à ce sujet, avec ses confrères des trois provinces.

Je vous serais reconnaissant, monsieur le docteur, de vouloir bien me tenir exactement informé de ce qu'il vous aura été possible de faire en conformité des instructions de Son Altesse Impériale.

Recevez, etc.

Pour le préfet,
Le secrétaire général délégué.

Ce serait abuser, monsieur le Sénateur, de votre attention et de votre bienveillance que de multiplier, comme je pourrais le faire, ces citations. Si je me suis permis de vous en signaler quelques-unes, c'est afin de justifier ma réclamation et d'éclairer votre justice. J'espère être assez heureux pour obtenir le succès de ma réclamation, et voir admise à l'Exposition prochaine la quinite comme produit nouveau de ma fabrication.

J'ai l'honneur d'être, avec respect,

Monsieur le Sénateur,

Votre très-humble,

DUPONT,

Pharmacien à Orléans.

Motifs pour lesquels M. le docteur HALMAGRAND *a désigné le* **cyano-ferrure de sodium et de salicine** *sous le nom de* **quinite**.

1° Entre tous les suffixes possibles, le plus simple me paraît être celui qui rappelle l'idée d'*affinité*, de *parenté* avec la *substance dominante*. Le mot formé à l'aide de cette désinence signifie ainsi *substance de la famille du quinquina, substance quinine,* en prenant cette dernière expression dans son sens étymologique le plus strict.

2° Les suffixes grecs et latins qui expriment cette idée, bien qu'avec des nuances diverses, sont :

GRECS ..
- *ique.*
- *ide.*
- *ite*
- *oïde*
- *iaque*

LATINS. ...
- *eux, euse* (osus).
- *aire* (arium)
- *in, ine* (inus)
- *ien ienne* (ianus).

3° J'élimine :

Quin...*ique,* d'une prononciation désagréable.

Quin...*ide,* cette désinence étant affectée à des familles d'animaux.

Quino..*ide,* déjà mis en usage, mot d'ailleurs mal choisi, car il exprime l'idée de parenté au point de vue de la ressemblance matérielle, il signifie proprement qui a la *forme* du quinquina, ellipsoïde, rhomboïde, etc

Quin. .*iaque,*
Quin...*eux,*
Quin...*in,*
Quin...*aire*
} mots désagréables.

4° Restent :

Quin...*euse,*
Quin...*ienne,*
} formes féminines, dont la seconde serait inutile ainsi employée seule

Quin.. .*ine,* dont il ne peut être question.

Quin.. *aire,* l'un de ceux qui me paraîtraient le plus admissibles, surtout sous la forme latine conservée, *quinarium*

QUIN. *ITE,* mot de formation grecque très-simple et très-clair, signifiant qui ressemble, par ses propriétés, à la quinine.

Orléans, imp. de G. JACOB.

www.ingramcontent.com/pod-product-compliance
Lightning Source LLC
Chambersburg PA
CBHW061624040426
42450CB00010B/2656